DE MOLÈNES

ILE-DE-FRANCE, BEAUVAISIS ET PÉRIGORD

SEIGNEURS EN PARTIE DE MELLO; SEIGNEURS DE LA GORSE, DE LA MARTINIE, DE LA
VALADE, DE LA BASTIDE, DE BARÉJOU, DE BAR, DE PECHIMBAC, DU FRAISSE, DES
CAZATS, DE LA COSTE, DE LA ROQUE, DE LABORIE, DE MONTAUZIOL, ETC., ETC.

ARMES: *Écartelé: aux 1 et 4, d'argent, à une bande de gueules, accompagnée de six merlettes
de sable posées en orle; aux 2 et 3, d'azur, au cygne d'argent s'essorant sur une rivière du
même, au chef cousu de gueules chargé d'un croissant d'argent, accosté deux étoiles d'or.*
COURONNE : *De Comte.*

NOTA. — La branche des Cazats et de la Roque et les MOLÈNES de Paris et d'Auxerre ont
porté pour armes : *d'argent, à une bande de gueules, accompagnée de six merlettes de sable, en
orle, 3 en chef et 3 en pointe;* la branche de la Gorse avait adopté l'écu : *d'azur, au cygne
d'argent, s'essorrant sur une rivière du même; au chef cousu de gueules chargé d'un croissant
d'argent, accosté de deux étoiles d'or;* celle du Poujol portait: *d'azur à une chevrette d'argent
courante, au chef cousu de gueules, chargé de trois étoiles d'argent;* actuellement les deux
premiers blasons sont fondus en un seul et portés par la famille tels qu'ils sont figurés ci-dessus.

A famille DE MOLÈNES, dont le nom ancienne-
ment s'est écrit DE MOLEINES, DE MOLAINES, DE MOL-
LAINES, DE MOLESNES, DE MOLLENE, même DE MORLAINES,
est fort ancienne et originaire du Beauvaisis, et
connue dans l'histoire dès le XIIIe siècle ; elle
occupait alors un rang élevé parmi la noblesse de
vieille chevalerie qui accompagna les rois de
France aux Croisades. A cette époque, elle pos-
sédait une portion d'un des plus grands fiefs de l'Ile-de-France, la sei-
gneurie de Mello (1), située dans le Beauvaisis, sans doute par suite d'une

---

(1) MELLO (alias *Merlou, Merlot, Merlau, Marlou, Meslo,* en latin *Mellotum, Mellum*), était le chef-lieu
d'une des plus anciennes seigneuries du Beauvaisis, comprenant dans son ressort les paroisses de
Mello, Saint-Vaast, Maysel, Cramoisy, Cires et Rousseloy ; c'était une baronnie de coutume qui
conférait, par conséquent, le titre de *baron* à ses propriétaires, sans avoir recours à aucune for-
malité. Elle donna son nom à l'illustre maison DE MELLO, qui prétendait descendre de Charlemagne,
et dont les membres occupèrent longtemps les premières dignités de l'État. De ce nombre fut
Guillaume DE MELLO, qui suivit Philippe-Auguste en Terre-Sainte, et qui en reçut quatre cents
onces d'or pour le dédommagement des bagages qu'il avait perdus par les tempêtes. La terre de
MELLO fut érigée en ville *baronnie* et châtellenie le 7 octobre 1200, pour Guillaume DE MELLO, avec
promesse de rendre les habitants francs et libres de toutes tailles.

Cette *baronnie* passa dans la maison DE NÉELLE, au XIVe siècle, par le mariage de Marguerite DE
MELLO avec Jean DE NÉELLE, *Queux* de France. Après six générations, une nouvelle alliance
la fit échoir à Guillaume DE MONTMORENCY, grand chambellan de France, père du connétable Anne.

Après la mort d'Henri II DE MONTMORENCY, et la confiscation de ses biens, Louis XIII disposa de
la baronnie DE MELLO en faveur de la sœur d'Henri, qui avait épousé le prince DE CONDÉ. A sa
mort, arrivée en 1650, cette princesse légua l'usufruit de la *baronnie* DE MELLO à la veuve de
Gaspard, comte DE COLIGNY, amiral de France : le prince de Condé lui en fit ensuite donation entière.

La veuve DE COLIGNY, qui était une MONTMORENCY, laissa par testament à son frère Frédéric DE
MONTMORENCY, duc de Luxembourg, la baronnie de Mello par usufruit avec substitution aux aînés.

La substitution se trouvant éteinte à défaut d'héritiers mâles, le duc de Montmorency-
Luxembourg se fit autoriser par Louis XV, à aliéner la baronnie DE MELLO; ce qui eut lieu
en 1769.

Le château DE MELLO fut pris par les Anglais en 1422.

En 1598, Henri IV vint séjourner trois jours à MELLO avec deux cents hommes de sa suite ; il
remercia de leur fidélité les magistrats de Beauvais qui y avaient été transférés à la suite des
désordres de la Ligue. On conserve dans les archives du château l'état de la dépense qui fut faite à
l'occasion du séjour d'Henri IV.

Le château DE MELLO, flanqué de tours et de tourelles, a été bâti en premier lieu par Dreux DE
MELLO, premier du nom; il existait déjà en l'an 800. Il fut réparé en l'an 1400, puis rebâti en
partie par Louise DE NÉELLE vers 1480, et plus tard en 1770. Deux grosses tours, le dessous de la
grande salle et un souterrain, dans lequel il y a un puits, sont du temps de Dreux. La petite
tour, où est la chapelle gothique et quatre tourelles, sont de Louise de Néelle. La porte d'entrée
était flanquée de deux énormes tours, qui ont été démolies en 1800 : une d'elles, haute de vingt-
six mètres, était surmontée d'un donjon élevé de 19^m,50 de haut, duquel on découvrait une
immense quantité de pays.

(Extrait de l'*Annuaire de l'Oise de 1828*, p. 272 et suivantes).

alliance qu'elle avait contractée avec une fille de l'illustre maison de ce nom.

Le plus ancien personnage de la famille DE MOLÈNES, connu par les chartes, est :

En 1244, COLART OU CHOLART DE MOLEINES, chevalier, qui, avec Charles DE MOLEINES accompagna Charles d'Anjou, frère de saint Louis, lorsqu'il alla à Rome se faire couronner roi de Sicile par le pape Clément, ainsi qu'il résulte de ce passage extrait littéralement de l'ouvrage de Guillaume de Nangis, intitulé : *Annales du règne de saint Louis*, à la suite de l'*Histoire de Saint Louis*, par Joinville (Paris, 1764, I, 253) :

« Comment Charles d'Anjou, frère de saint Louis, vint à Rome, et fut oint et couronné par le pape Clément IV, roi de Sicile :

« En l'ost des Français furent : Bouchard DE VENDOME, chevalier preux « et hardi ; Guillaume et Pierre DE BEAUMONT, chevaliers nobles et éprouvés.

« Moult d'autres nobles hommes furent en cest ost, que nous ne povons « or mie raconter, et spécialement messire Colart DE MOLLEINES et son « frère Charles. »

En 1269, Colart DE MOLEINES et son autre frère, Pierre de MOLEINES, accompagnèrent le roi saint Louis à la huitième croisade, ainsi qu'il résulte de ce passage extrait de l'*Histoire de Saint Louis*, par Joinville, Paris, in-folio, 1764, préface, page XIX :

« Cy sont les chevaliers qui deurent aller avec le roy sainct Loys « oultre mer et les convenances qui furent entre eux et le roy, l'an « mil CCLXIX. Mr Pierre DE MOLEINES ira lui, cinquième de chevalier, à « ces mesmes conditions, sauf que luy et son compaignon mangeront a « court, et aura du roy quatorze cent livres tournois et quatre cent livres « de don.

« Mr Collart DE MOLEINES, son frère, ira en autelles condicions, et en « la manière mesme que Mr Pierre, son frère, ira. »

Colart DE MOLEINES fit une fondation, l'an 1280, en faveur de l'abbaye de Saint-Denis, par une charte qu'il scella de son sceau, lequel représente *un écu avec une bande accompagnée de six merlettes, trois en chef et trois en pointe.* Cette charte est conservée aux *Archives nationales.* Nous donnons ci-dessous le dessin de ce scel ; sur le *contrescel* se trouve l'écusson des armes entouré du même exergue.

En 1298, Adrien DE MOLEINES, seigneur en partie de Mello, chevalier, donna quittance le 30 novembre de ladite année, à Bruges, de quatorze mille cent trente-neuf livres, dix-sept sols, neuf deniers, pour ses gages desservis en Flandres, et de quatre-vingt-quinze livres pour restauration de deux chevaux. A cette charte est appendu son scel à ses armes, comme ci-dessus. *(Cabinet de M. Clairambault. — Père Anselme,* tome VI, folio 9.)

En 1299, Drive ou Dreux (en latin *Droco)* DE MOLEINES donne quittance de cent livres, pour partie de ses gages de sa seconde année de service. Cette charte, ou le nom est écrit DE MORLAINES, est munie de son *sceau,* semblable à celui de Adrien DE MOLEINES.

En 1303, Mancipius DE MOLEINES *(de Molanis,* en latin) était onzième abbé du monastère de Saramon, de l'ordre de Saint-Benoit, au diocèse d'Auch. En 1314, il prêta serment de fidélité à l'archevêque d'Auch ; l'année suivante il répara le cloître de l'abbaye ; il était encore abbé en 1344. *(Gallia Christiania,* tome Ier, folio 1017.)

En 1315, Guillaume DE MOLEINES, seigneur en partie de Mello, passa un acte au mois de mai de ladite année, en faveur de l'église de Sainte-Marie de Froidemont. Il y nomme Colard DE MOLEINES, seigneur de Mello, son père, Dreux DE MOLEINES, seigneur de Mello, son frère, et messire Renaud DE MOLEINES, son autre frère. (Père Anselme, *Histoire des grands officiers de la Couronne,* tome VI, folio 89.)

En 1317, Guiot DE MOLEINES, écuyer et valet du roi Philippe III, reçut de lui en don les biens de mainmorte provenant de Jean DE CASTEL, dit la Rounaye, situés près Chaumont, en Champagne, ainsi qu'il appert d'une charte latine conservée au *Trésor des Chartes*, dont voici la traduction :

« Nous, PHILIPPE, par la grâce de Dieu, roy de France et de Navarre,

« Faisons savoir à tous, présents et à venir, qu'en considération des « services que notre cher Guiot DE MOLEINES, notre écuyer et varlet, nous « a toujours fidèlement rendus, et qu'il ne cesse encore de nous rendre, « nous lui avons concédé et donné par la teneur des présentes, ainsi « qu'à ses héritiers et successeurs, pour en jouir paisiblement et perpé- « tuellement, tous les biens meubles et immeubles qui nous sont advenus « par la mainmorte, provenant de défunt Jehan DE CASTEL, autrement « dit DE LA ROUNAYE, lesquels biens, d'après l'enquête que nous avons fait « faire par notre bailly de Chaumont, peuvent largement être évalués à « cinq cents livres, etc., etc.;

« Fait à Neauphle-le-Chatel, l'an du Seigneur mil trois cent dix-sept au « mois de septembre.

« Par le roi,

« BELLEYMONT. »

(Charte conservée au Trésor des chartes, au registre coté J.J., n° 53, f° 127, aux *Archives nationales*.)

En 1367, Marie DE MOLEINES, *alias* DE MOLLEN, dame de Cordonnoy et de Millencourt, en l'Ile-de-France, rendit aveu et dénombrement au roi, le 8 décembre 1367, de ce qu'elle tenait en foi et hommage de Sa Majesté en la ville et terroir d'Ivry, en la vicomté de Paris, savoir : la moitié de la juridiction, haute, moyenne et basse d'Ivry, par indivis avec le prieur de Notre-Dame-des-Champs; *item*, de l'hôtel de feu messire Jean DE COM-PIÈGNE, chevalier, et plusieurs terres, cens et rentes, etc. (Voir *Pièces originales à la Bibliothèque nationale*. Registre 1983.)

En 1512, on trouve Jehan DE MOLLENE et Alain DE MOLLENE, vivant en la paroisse de Housteville, près Coutances, et dénommés dans un rôle de fouages échus au roi en ladite année. (*Titre original*.)

En 1551, Antoine DE MOLLEINE, reçut une procuration des prieurs et chapitre de Sainte-Barbe, pour établir des confréries du même ordre dans les villes d'Amiens, de Noyon, de Laon, de Reims, de Châlons et autres lieux. (*Mémoires de la Société des antiquaires de Normandie, année 1834.*)

Les guerres qui précédèrent la politique d'unification inaugurée par Louis XI, les dissensions et les guerres qui suivirent avaient considérablement amoindri les grandes maisons féodales.

La famille DE MOLÈNES prit part à tous les événements militaires de cette époque et son fief eut le sort de tant d'autres. Tandis qu'un des membres de cette famille, Antoine DE MOLÈNES, s'employait à une œuvre de propagande catholique, ses collatéraux et ses neveux embrassaient la Réforme et s'associaient aux luttes que celle-ci allait provoquer. Dispersés et refoulés vers le Midi par la tourmente religieuse, ils disparurent la plupart; l'un d'eux cependant fut assez heureux pour échapper au désastre des siens et reconstituer sa famille après s'être fixé en Périgord, vers la fin du xviᵉ siècle. Il y projeta quatre branches principales, qui se sont continuées jusqu'à ce jour et dont voici la filiation.

Ces quatre branches sont, dans leur ordre de formation :

1° La branche aînée DE LA GORSE OU DE DOMME ;
2° La branche DU POUJOL ;
3° La branche DES CAZATS et DE LA ROQUE ;
4° La branche DE PÉCHIMBAC et DE FONTENILLE.

FILIATION

I. Jean DE MOLÈNES, écuyer, né vers 1560, habitait Villefranche, en Périgord, en 1630; il eut huit enfants qui partagèrent la succession paternelle en cette même année. Ces enfants sont :

1° Jean DE MOLÈNES, auteur de la BRANCHE DE LA GORSE OU DE DOMME, qui va suivre ;
2° Isaac DE MOLÈNES, auteur de la BRANCHE DU POUJOL, mentionnée ci-après ;
3° Jean DE MOLÈNES, sans alliance ;
4° Pierre DE MOLÈNES, mort sans alliance ; 5° 6° 7° 8° Et quatre filles.

BRANCHE DE LA GORSE OU DE DOMME

ARMES: *D'azur, au cygne d'argent s'essorrant sur une rivière du même ; au chef cousu de gueules, chargé d'un croissant d'argent, accosté de deux étoiles d'or.*

II. Jean DE MOLÈNES, capitaine d'une compagnie de cent hommes d'armes, suivant brevet du 1ᵉʳ juin 1615, signé du roi Louis XIII, et plus tard nommé juge de Sermet et de Labastide, épousa Jeanne DE FAURE, de Villefranche, dont il a eu :

> 1° Pierre, qui suit ;
> 2° Jean, auteur de la BRANCHE DES CAZATS, qui suivra.

III. Pierre DE MOLÈNES, écuyer, sieur de Baréjou, puis de la Gorse, en Périgord, fut marié : 1° en 1661, à Marie DE MALEVILLE, fille de N. de Maleville, et de Marie d'Hauthefort, morte en 1673 ; 2°, à Blanche DE CUNIAC.

Il eut trois enfants, savoir :

> 1° Jacques, qui suit :
> 2° Jean-Pierre DE MOLÈNES de Monrival, reçu, en 1689, dans la compagnie des jeunes gentilshommes établie à Brisac, qui eut pour enfants :
>> A. Marc-Antoine DE MOLÈNES, né en 1681, pourvu en 1702 d'une lieutenance dans le régiment de Normandie, mort en 1731, laissant une fille ;
>> AA. Louise-Anne DE MOLÈNES, née en 1720, mariée en 1735 à Pierre DE MALEVILLE, décédée en 1751. De cette union est issu M. DE MALEVILLE, sénateur, rédacteur du Code Civil ;
>> B. Jacques DE MOLÈNES, curé de Villefranche, mort à la Gorse en 1748 ;
>> C. Jacques DE MOLÈNES de Monrival, né en 1699, mort en 1751, laissant pour enfants :
>>> AA. Pierre de MOLÈNES DE LA GORSE, né en 1721, marié en 1752, à Marie DE GRÉZIS, mort en 1763, laissant une fille : Marie DE MOLÈNES née en 1762, mariée en 1780 à M. DE GRÉZIS DE LALBURAGUE ;
>>> BB. Marie DE MOLÈNES DE LA GORSE, née en 1722, mariée en 1749, à M. DE GRÉZIS DE LALBURAGUE, morte en 1735 ;
> 3° Madeleine DE MOLÈNES, morte en 1731.

IV. Jacques DE MOLÈNES, écuyer, a épousé, en 1699, Antoinette DE LA FARGUE, dont il a eu deux enfants :

> 1° Pierre, qui suit :
> 2° Marie DE MOLÈNES, née en 1703, religieuse, morte en 1728.

V. Pierre DE MOLÈNES, écuyer, né en 1700, épousa, en 1726, noble Marguerite DE GRÈZES DE SAINTOUX (acte de l'état civil), dont il a eu plusieurs enfants.

> 1° Jacques, qui suit :
> 2° Autre Jacques, dont la descendance sera rapportée plus loin ;
> 3° Autre Jacques DE MOLÈNES, curé de Saint-Martial ;
> 4° Antoinette de MOLÈNES, née en 1727, morte en 1775 ;
> 5° Jeanne-Alice-Pélagie DE MOLÈNES, supérieure générale des Sœurs de Nevers ;
> 6° Marie-Alice-Adelaïde DE MOLÈNES, religieuse.

VI. Jacques DE MOLÈNES écuyer, colonel de la Garde nationale, maire de Domme, près Sarlat, né en 1730, a épousé le 15 octobre 1819, Françoise GUÉRAUD, dont il a eu :

> 1° Jacques qui suit :
> 2° Fouquenty DE MOLÈNES, lieutenant de chasseurs à cheval.
> 3° Marguerite DE MOLÈNES, mariée le 12 janvier 1790 à M. LASSERRE, mort conservateur des hypothèques à Sarlat.

VII. Jacques DE MOLÈNES, écuyer, né en 1735, a épousé le 26 novembre 1782, Marguerite DE GOUDOU, dont il a eu :

> 1° Victor DE MOLÈNES, né en 1784, mort en 1859, laissant un fils : Camille, né en 1814, mort en 1831 ;
> 2° Jacques, qui suit.

VIII. Jacques DE MOLÈNES, né en 1789, mort en 1869, épousa, le 23 septembre 1833, Marie-Honorine MAURY, dont il a eu :

IX. Jean-Jacques-Victor-Albert DE MOLÈNES, né le 2 mai 1843, docteur en médecine, capitaine dans les mobilisés de la Dordogne en 1870, a épousé, le 24 novembre 1875, Marie-Joséphine-Adélaïde DE SAINT-JULIEN, dont il a eu trois filles et un fils :

> 1° Marie-Louise-Joséphine-Augustine DE MOLÈNES, née le 13 mars 1877 ;
> 2° Berthe-Honorine-Rose DE MOLÈNES, née le 27 janvier 1878 ;
> 3° Émilie-Amédée-Jeanne DE MOLÈNES, née le 14 juillet 1880 ;
> 4° Jacques-Joseph-Paul DE MOLÈNES, né le 28 janvier 1884.

RAMEAU

DE LA BRANCHE DE DOMME, A PARIS ET AUXERRE

VI *bis*. Jacques DE MOLÈNES DE BAR, écuyer né en 1740, gouverneur des pages de la chambre du roi, a épousé à Paris, en l'église Saint-Sulpice, le 1ᵉʳ juin 1784, demoiselle Madeleine-Maxime ALIZON, fille de Nicolas-Antoine Alizon, ancien officier des gobelets de Monsieur, frère du roi, et de feue Madeleine-Maxime Noyer (*Acte de l'état civil.*); il était propriétaire, à Versailles, du jeu de paume, dont il est souvent parlé dans l'histoire de la Révolution.

De son mariage sont nés quatre enfants :

> 1° Alexandre-Jacques-Denis DE MOLÈNES, né à Paris le 13 septembre 1785, mort le 10 septembre 1851. Il entra dans la magistrature le 29 juillet 1814, en qualité de subtitut à Auxerre et à Versailles, et devint juge au tribunal de 1ʳᵉ instance de la Seine (*Nouvelle Biographie générale de Hoffer*). Il ne s'est pas marié et a adopté son neveu Paul GASCHON, auquel il a laissé son nom ;
>
> 2° Théodore DE MOLÈNES, capitaine en retraite ;
>
> 3° Paul DE MOLÈNES, lieutenant-colonel au 5ᵉ de ligne ;
>
> 4° Pauline DE MOLÈNES, mariée à M. GASCHON, conseiller à la Cour de Paris, morte le 25 novembre 1885, dont un fils :
>
>> *A*. Paul-Dieudonné GASCHON DE MOLÈNES; né à Paris, en 1821, chef d'escadron de chasseurs, écrivain militaire célèbre, aide de camp du maréchal Canrobert dans les campagnes de Crimée et d'Italie, marié le 17 février 1859, à Louise-Marie-Antoinette-Alix DE BRAY, fille de Paulin de Bray et de Victorine de Clèves des Marbœufs; elle est connue dans les lettres sous le pseudonyme d'*Ange Bénigne*. Paul DE MOLÈNES est mort, à Limoges, des suites d'une chute de cheval, en mars 1882.

BRANCHE DU POUJOL

ARMES : *D'azur, à une chevrette courante d'argent; au chef cousu de gueules, chargé de trois étoiles d'argent.*

II. Isaac DE MOLÈNES, écuyer, épousa Isabeau DE VANDAME, de la religion protestante, tante de François de Vandame, écuyer, et de Marguerite de Vandame, veuve de Pierre de Gas, écuyer, baron de Sémignan et de Saint-Julien ; il eut d'elle deux enfants :

> 1° Jacques, qui suit ;
> 2° Pierre DE MOLÈNES, auteur de la BRANCHE DE PÉCHIMBAC, qui viendra ci-après.

III. Jacques DE MOLÈNES, écuyer, sieur de la Martinie, épousa en 1667, au Poujol, près Sarlat, Marguerite D'ISSIDEUIL dont il eut sept enfants :

> 1° Jean, qui suit ;
> 2° Pierre DE MOLÈNES, seigneur de la Coste, né le 30 janvier 1679, capitaine au régiment de Lostanges ;
> 3° Jean DE MOLÈNES, seigneur de Laborie, né le 30 octobre 1681, capitaine au régiment de la Fère ;
> 4° Henri DE MOLÈNES DE LA ROSIÈRE, né le 8 octobre 1685, capitaine au régiment de la Fère.
>
> Ces trois frères assistèrent à la bataille de Malplaquet en 1709 (1) ; l'un deux, le cadet, y reçut un coup de sabre à la tête.
> 5°, 6°, 7° et trois filles.

IV. Jean DE MOLEINES, écuyer, né à Sarlat, le 24 juillet 1673, sous-lieutenant au régiment de Nettancourt-Infanterie, en 1696, retiré dans ses foyers en 1697, après la paix de Ryswick, lieutenant au régiment de Lostanges, en 1702, capitaine au régiment de La Fère–Infanterie, en 1707, réformé en 1709, a épousé mademoiselle DE LESTRADE, dont il eut :

> 1° Barthélemy DE MOLÈNES, écuyer, né le 2 décembre 1701, colonel dans l'armée sarde ;
> 2° Pierre DE MOLÈNES, né le 3 janvier 1705, capitaine ;
> 3° Gabriel qui suit ;

---

(1) C'est à cette occasion qu'un de ces MOLÈNES écrivit à l'un de ses frères, alors en Périgord, une lettre qui dans ces derniers temps a été souvent citée dans la grande presse de Paris, pour le jour tout nouveau qu'elle jette sur l'issue de la bataille de Malplaquet; cette lettre est publiée *in extenso* dans le 1er vol. des *OEuvres complètes* de Paul DE MOLÈNES, édition Jouaust.

4° Henri-Guillaume DE MOLÈNES, né le 20 mai 1716, garde du corps le
   10 mars 1736, garde de la Manche en 1750, avec rang de capitaine,
   chevalier de Saint-Louis, en 1755, décédé en 1766 ;
5° Guillaume DE MOLÈNES, né le 17 novembre 1717, chanoine honoraire.

V. Gabriel DE MOLÈNES, écuyer, né le 14 avril 1706, capitaine, épousa
en 1747, demoiselle Françoise LA VEISSIÈRE DE VIGIER dont il eut neuf
enfants, savoir :

1° Henri, qui suit ;
2° Barthélemy DE MOLÈNES DE LA VALADE, lieutenant de marine, né en 1759.
   Il fit la guerre de l'Indépendance, sous les ordres du bailly de Suffren ;
   mort le 21 avril 1849 ;
3° Jean-Baptiste DE MOLÈNES DE LA BASTIDE, né en 1763, garde du corps
   du roi, compagnie de Villeroy, en 1781, licencié en 1791, servit en
   émigration au 2e régiment de cavalerie noble et au régiment noble
   d'Angoulême, de 1792 à 1814, nommé chevalier de Saint-Louis le
   22 juillet de la même année, et retraité comme capitaine ; mort
   en 1837.
4° 5° 6° 7° 8° 9° Et six filles.

VI. Henri DE MOLÈNES, né à Sarlat, le 10 février 1750, gendarme de la
garde du Roi en 1769, réformé en 1787, chevalier de Saint-Louis, mort
le 2 août 1845, avait épousé, le 20 février 1784, demoiselle Louise-
Antoinette DE TESSIEU, morte le 14 novembre 1846 à l'âge de quatre-vingt-
six ans, dont il a eu six enfants, savoir :

1° Antoine, qui suit ;
2° Henriette DE MOLÈNES, mariée à M. JAUBERT ;
3° Aimée DE MOLÈNES, née en 1792, mariée à M. BIZA-LASSERRE ;
4° Jean-Baptiste DE MOLÈNES, receveur des contributions ;
5° Pierre-Séverin DE MOLÈNES, qui suivra après son frère ;
6°. Guillaume-Marie DE MOLÈNES, né en 1785, capitaine, mort en 1845.

VII. Antoine DE MOLÈNES, né le 20 mars 1783, chef de bataillon,
ancien aide de camp du maréchal Soult, officier de la Légion d'honneur, chevalier des ordres royaux de Saint-Louis et Saint-Ferdinand
d'Espagne, mort le 21 décembre 1864, a épousé, le 5 novembre 1833,
Joséphine DE SEIGNEURET, dont le père était colonel de la garde du roi
Murat de Naples, et dont la mère, Marie-Colombe BACCIOCHI, de la famille
princière des Bacciochi de Gênes, de Corse et de Florence, était dame
d'honneur de la reine Caroline. De ce mariage sont nés :

    1º Jean-Jacques-Émile qui suit;

    2º Gabrielle DE MOLÈNES, née le 7 août 1834, mariée à M. Jules BOISSET, fils de M. Boisset, ancien conservateur des hypothèques de Limoges, veuve aujourd'hui.

VIII. Jean-Jacques-Émile DE MOLÈNES, né à la Bénérie, le 14 décembre 1842, homme de lettres et romancier, rédacteur au *Bien Public*, sous la présidence de M. Thiers, aujourd'hui chroniqueur et critique d'art à la *Liberté*, non marié.

VII *bis.* Pierre-Séverin DE MOLÈNES, juge de paix à Salignac, né le 25 décembre 1787, mort le 31 mars 1865, fut marié le 21 juin 1811 à Marie-Thérèse FOREST DE FAYE, dont il a eu :

    1º Marc-Henri, qui suit ;

    2º Marc-Henri DE MOLÈNES, né le 19 juillet 1812, mort le 29 juin 1866, dont la descendance viendra après ;

    3º Jean-Jacques-Frédéric DE MOLÈNES, marié à Marie-Charlotte-Thalie TIBEYRANT, notaire honoraire ; sans enfants ;

    4º Marie-Henriette DE MOLÈNES, née le 15 janvier 1817, morte épouse de M. Toussaint LANDES ; sans enfants ;

    5º Jean-Jacques-Marc DE MOLÈNES, né le 5 septembre 1825, qui va suivre.

VIII *bis.* Marc-Henri DE MOLÈNES, né le 19 juillet 1812, mort le 29 février 1866, a épousé Marie-Anna DELBOS de laquelle sont nés deux fils morts sans descendance, dont un,

    1º Jean-Alphonse DE MOLÈNES, tué sous les murs de Sedan en 1870, au moment où il venait d'être fait sous-lieutenant;

Et quatre filles :

    2º Rose-Claudine DE MOLÈNES, née le 27 janvier 1846, a épousé le comte Albéric DE SCORAILLES. — Château de Manou, près Périgueux;

    3º Marie-Athalie DE MOLÈNES, née le 7 avril 1848, petite Sœur des pauvres ;

    4º Marie DE MOLÈNES, née le 25 novembre 1849;

    5º Thérèse DE MOLÈNES, née le 19 octobre 1854.

VIII *ter*. Jean-Jacques-Marc DE MOLÈNES, docteur en médecine, ancien officier de la garde mobile en 1848, chirurgien-major en 1870, a épousé le 26 mai 1855, Jeanne-Francesca MIGNOT-MAHON, dont il a eu :

> 1° Jean-Louis DE MOLÈNES, né le 6 avril 1856, mort le 26 novembre 1876, externe des hôpitaux ;
> 2° Jean-Jacques-Paul DE MOLÈNES, né le 7 septembre 1857, docteur en médecine, interne des hôpitaux, lauréat de la Faculté de Paris, médaillé lors de la dernière épidémie de choléra ;
> 3° Auguste-Albert DE MOLÈNES, né le 20 octobre 1860, mort le 5 novembre 1880, élève de l'École centrale ;
> 4° Jacques-Hippolyte DE MOLÈNES, né le 2 mars 1863, avocat à la Cour d'appel de Paris ;
> 5° Jean-André DE MOLÈNES, né en 1869, décédé le 17 avril 1873.

Par sa mère, dont la sœur, Claudine FOREST DE FAYE, avait épousé M. DE BRUCHARD, M. Marc DE MOLÈNES et ses collatéraux sont cousins germains des « quatre frères BRUCHARD » comme on les appelait dans l'armée d'Afrique, où leur nom est resté légendaire. L'un est arrivé au grade de général et les trois autres à celui de colonel ; l'un d'eux commandait la garde de Paris, avant la guerre. Jeanne, la fille de ce dernier, est mariée avec M. CONNEAU, aujourd'hui capitaine de vaisseau et commandant, sous l'empire, de la flottille de l'Impératrice.

BRANCHE

DES CAZATS ET DE LA ROQUE

ARMES : *D'argent, à la bande de gueules, accompagnée de six merlettes de sable posée en orle.*

III. Jean DE MOLÈNES, écuyer, fondateur des Cazats, à Villefranche, a épousé, en 1644, Marguerite DE DUFORT ou DUFAUR ; il rendit aveu et dénombrement pour le fief de Montauziol en 1667.

Il a eu deux enfants :

> 1° Izat qui suit ;
> 2° Jeanne DE MOLÈNES, morte en 1736.

IV. Izat ou Isaac DE MOLÈNES, écuyer, sieur de Laborie et de Montauziol, comparut dans la convocation de la noblesse de Béarn, Guyenne et Périgord, pour la défense de Bayonne, ainsi qu'il appert d'un certificat délivré par le maréchal d'Albret, en 1674; il a épousé à la Roque, commune de Cassagnes, demoiselle Amélie DE DELMAS dont il a eu trois enfants :

> 1° Jean-Joseph, qui suit :
> 2° Marc-Antoine DE MOLÈNES, écuyer, sieur de Montauziol ;
> 3° Jeanne DE MOLÈNES, mariée à M. DE LAPORTE, morte en 1761.

V. Jean-Joseph DE MOLÈNES, écuyer, sieur de la Roque, a épousé, en 1733, à Blazac, Marguerite DE JAUFFREAU, dont il a eu le fils qui suit.

VI. Eutrope DE MOLÈNES, écuyer, sieur de la Roque, a épousé Marie-Anne DE CONSTANTIN. Il est mort assassiné, à 44 ans, en 1776. De son mariage est issu :

VII. Georges DE MOLÈNES DE LA ROQUE, né à Cassagnes en 1769, capitaine de gendarmerie de la Charente-Inférieure.

BRANCHE
DE PÉCHIMBAC ET DE FONTENILLE

ARMES : *d'azur, au croissant d'argent d'où naissent deux palmes adossées d'or, accompagnées de trois étoiles d'argent, 1 en chef et 2 en pointe, et un chef aussi d'argent chargé de trois merlettes de sinople.*

III. Pierre DE MOLÈNES, écuyer, sieur de Péchimbac, a épousé Anne GARIGOUS, dont il a eu trois enfants, savoir :

> 1° Pierre, qui suit ;
> 2° Marc-Antoine DE MOLÈNES, sieur du Fraisse, capitaine retiré à Metz ;
> 3° Isaac DE MOLÈNES, marié à Catherine VARIN, fille de Jean VARIN, rendit foi et hommage au roi en 1710, pour une maison avec jardin qu'il possédait à

la Croix-Rousse, à Lyon, en la paroisse de Saint-Vincent (Voir *Noms féodaux*). Il a fait enregistrer les armoiries de sa branche, à *l'Armorial général*, en vertu de l'édit du 20 novembre 1696, au registre de la généralité de Lyon. Il eut pour enfants :

A. Isaac DE MOLÈNES, mort *ab intestat;*

B. Anne DE MOLÈNES, mariée : 1° à M. DE GUIRAMAND ; 2° à noble Jean TRONCHIN, procureur général, puis conseiller d'État de la ville de Genève ; elle fit son testament le 5 janvier 1768 (*Galiffe*, t. II, f° 390).

IV. Pierre DE MOLÈNES, consul à Villefranche, près Sarlat, eut un fils et une fille :

> 1° Marc-Antoine, qui suit ;
> 2° Jeanne DE MOLÈNES, mariée à M. SALVAZ.

V. Marc-Antoine DE MOLÈNES DE LA COSTE, écuyer, seigneur de Péchimbac et de Fontenille, eut pour fils :

VI. Antoine DE MOLÈNES DU FRAYSSE.

La famille DE MOLÈNES, sur laquelle nous aurons à revenir à l'occasion de documents qu'il ne nous a pas été donné de consulter cette fois, est aujourd'hui entièrement catholique. Ceux de ses membres qui étaient encore protestants, lors de la révocation de l'édit de Nantes, abjurèrent successivement. Toutefois, plusieurs s'expatrièrent. L'un alla en Sardaigne, les autres émigrèrent à Vevey, en Suisse, où ils se sont perpétués jusqu'au commencement du siècle.

PARIS, IMPRIMERIE CHAIX (S.-O.). — 25092-5.